CATALOGUE,

DE MINIATURES,

GOUACHES, DESSINS, ESTAMPES

En feuilles, fous verres & en volumes,

RECUEILS d'Architecture, dont le Pyranefe; Cartes de Géographie, Recueils d'Anatomie, plufieurs Morceaux peints en émail, & autres Objets curieux; provenans du Cabinet de M. B***, Peintre & Amateur, dont la vente commencera Lundi 27 Janvier 1777, & jours fuivans de relevée, rue Dauphine, à l'Hôtel d'Efpagne.

A PARIS.

De l'Imprinerie de GRANGÉ, rue de la Parcheminerie.

M. D. CC. LXXVII.

L'on verra les *fix premieres Vacations*, le 26 du prefent mois ; & les *Volumes* & *Eftampes fous verre*, &c. le 2 Février, à l'Hôtel d'Efpagne, depuis dix heures du matin jufqu'à la fin du jour.

La *Notice fe diftribue chez le fieur* PIAUGER, *rue de la Comédie Françoife,* Hôtel de la Fautriere.

CATALOGUE

De Miniatures, Gouaches, Dessins, Estampes en feuilles, sous verres & en volumes; Recueils d'Architecture, dont le Piran se; Cartes Géographiques; Recueils d'Anatomie, plusieurs morceaux peints en émail, & autres objets curieux provenans du Cabinet de Monsieur B***, Peintre & Amateur, dont la vente commencera Lundi 27 Janvier 1777, & jours suivans de relevée, rue Dauphine, à l'Hôtel d'Espagne.

PREMIERE VACATION,

Lundi 27 Janvier 1777.

Estampes en Feuilles.

1. Cinquante-sept Paysages, d'Israël & autres.
2. Vingt-trois Sujets, Têtes, &c. par Desmarteau.
3. Six Pieces, d'après Poussin, Coypel. &c.
4. Quatre-vingt-deux Paysages, par Sadeler, Perelle, &c.

A ij

5. Cinquante Sujets, d'après Boucher, &c.
6. Huit autres, d'après M. Greuze, &c.
7. Vingt-sept Pieces de différens Maîtres.
8. Trente-sept Pieces, de Lucas de Leyde, &c.
9. Treize Pieces, d'après M. Cochin, Boucher, &c.
10. Seize Sujets, Têtes, &c. dans la maniere de crayon, par Desmarteau.
11. Deux Fêtes Flamandes, d'après Teniers, par le Bas, & une d'après Vanfalens, par Filleul.
12. Vingt-sept Pieces, dont dix études de Chevaux, par Vender-Mulen.
13. Quatre Pieces, dont le Retour defiré, & le Maître de guittare, d'après Schenau.
14. Trois Pieces, dont Vénus à fa Toilette, & Diane découvrant la groffeffe de Califto, d'après le Carrache, par Bernard Picard.
15. Quatre Payfages & Marines, d'après M. Vernet, par Aliamet, &c.
16. Six Pieces, par Rouffelet, Poilly, &c. dont les quatre Evangeliftes, du Cabinet du Roi.
17. Sept Pieces, d'après Pouffin, Coypel & autres.
18. Dix-fept Sujets, par Callot, dont le parterre de Nancy, les Supplices, &c.
19. Six Pieces, d'après Rubens, Lafoffe, &c.
20. Neuf Pieces, d'après Fety, de Troy, &c.
21. Vingt Sujets, par Goltzius.
22. Cinq autres, de Goltzius, Parmefan, le Sueur, &c.
23. Douze Pieces, de Mellan, Dominiquain, Jouvenet, &c.
24. Quatre Pieces, d'après le Tinteret, Carrache, Mignard, Lebrun, &c.

25. Quatre Pieces, de Rubens, Segers, dont le reniement de Saint-Pierre.

26. Six Pieces de différens Maîtres, dont le St. Pierre de la galerie de Dresde.

27. Cinquante-sept petits Sujets, par Chauveau.

28. Quatre Portraits, maniere noire, dont celui de Rousseau, & Samuel Foote.

29. Quatre Pieces de Bloëmaert, dont l'Age d'or, l'Enfant prodigue, &c.

30. Tempête, d'après M. Vernet, par Flipart, & deux vues de Hollande, par le Bas, d'après Vandrever.

31. Six Pieces, d'après Vanloo, Dietric & M. Vernet, par l'Empereur.

32. Les Œufs cassés, d'après M. Greuze, par Moitte, des premieres épreuves.

33. Deux Sujets, d'après Baudouin, par Choffard.

34. Trois Pieces, par Strange, dont Venus & Cupidon, d'après le Titien, brillante épreuve.

35. Procession de la Ligue, grande piece peu commune.

36. François I. par Chenu, d'après Dell-Abbate, épreuve de choix.

37. Sujets & Vignettes de l'Histoire de France du Président Henault, complette de trente-sept pieces.

38. Vingt Sujets allégoriques pour l'Histoire de France, des événemens les plus connus, gravés d'après M. Cochin, &c.

39 Soixante-quinze Paysages, de Sylvestre, Mauperche, Perelle, &c.

40. Quatre Marines, d'après M. Vernet, par Aliamet.

41. Renaud & Armide , de Picard , & le Pere de famille , d'après M. Greuze.
42. The Cottagers & son pendant, par Woollett.
43. Etéocle , par Martenafie , & Ste. Famille , d'après C. Maratte.
44. Deux grandes manieres noires , Philofophe en contemplation & le pendant , par Paul , d'après Rembrandt.
45. Autre belle maniere noire , par Houfton , le Maréchal & le Tailleur.
46. Autre , Penelope , par Burke.
47. Cléopatre & Artemife , par G. Scorodoomoff.
48. Le Mont Vefuze , d'après Salvator Rofe , & le coup de vent , d'après M. Vernet , par Charpentier.
49. Quatre Pieces , dont Laomedon , la Libéralité , &c. par Strange.
50. Le Comte de St. Florentin , belle épreuve , par Will.
51. Le Jardin d'Amour , & le Concert Efpagnol , par l'Empereur.

DEUXIEME VACATION,

Mardi 28.

Eftampes en feuilles.

52. Huit Manieres de crayon coloré , &c. par Bonnet.
53. Vingt-huit Pieces , dont Lucrece , d'après le Titien , les travaux d'Hercule , &c.
54. Six Portraits , dont le Cardinal Bellarmin , par Bolfewert.

55. Quatre autres , dont Louis XV à cheval.

56. Quatre-vingt-quatre différens Sujets , maniere noire & autres.

57. Quarante - sept Portraits & sujets , d'après Liotard & autres.

58. Quarante-six petits Sujets , de Guillaume Baur, Berghem , &c.

59. Six Marines & Sujets , d'après De Troy , M. Vernet , &c.

60. Trente-un Payfages & Têtes , de Benedette , &c.

61. Douze Pieces , d'après Watteau , Piranefe , &c.

62. Trente-quatre Sujets , de Picart , Leclerc & autres.

63. Neuf Pieces, dont la Conquête de la Franche-Comté.

64. Quatre Pieces , dont le Déluge , d'après Pouffin , & la Réfurrection du Lazare , d'après Jouvenet.

65. Le Bourguemeftre , d'après Oftade , avant la lettre.

66. Quatre Pieces de Spranger , Villiame , &c.

67. Cinq Portraits , d'après Vandick , &c.

68. La Madeleine , d'après Lebrun , par Edelinck.

69. Vénus fur les eaux , d'après Rubens , par Soutman , belle épreuve.

70. Siléne foutenu par des Satyres , d'après & par les mêmes , avant la draperie.

71. Trois Pieces , dont le Satyre , d'après Jordeans , par Vorfterman.

72. Quarante-trois Têtes, par Hollard , anciennes épreuves.

A iv

73. Trente-sept autres Têtes, Papillons, Animaux, par le même.

74. Six Vierges & Sujets, d'après le Parmesan, Cytofer, Diepenbeck, &c.

75. Le Trône de la Justice, par Vyttewael, &c.

76. Quatre Pieces de Visscher, Caracci, &c.

77. Cinq Pieces, dont le Denier à César, par Roullet.

78. Douze Portraits, d'après Vandick, par l — bard.

79. Douze autres, par différens Maîtres, dont le Roi de Prusse, par Wille.

80. Trente-neuf différens Animaux, gravés par Picard & autres.

81. Six Pieces de Rembrandt, dont la mort de la Vierge.

82. Les Enfans de Turenne & Bethune, par Melini & Beauvarlet.

83. Trois Pieces, d'après M. le Prince, par Gaillard.

84. Deux Pieces, par Strange, dont Cupidon endormi.

85. Trois Pieces, d'après Teniers & Wouvermens.

86. Quatre-vingt-sept Paysages de Silvestre, &c.

87. Les Quatre Elémens, d'après l'Albane, par Baudet.

88. Quatre Pieces, par N. de Bruyn.

89. Quatre Sujets, par le même, ancienne & brillante épreuve.

90. Cinq autres du même.

91. Deux belles Manieres noires, par Marc Ardelle, & Green.

29. Deux autres, *idem*

93. Chaſſe à l'Ours, d'après Vanloo, par Flipart, premiere épreuve.

94. Timon Athénien, belle épreuve, gravé en Angleterre, par John Hall.

95. William Penns treaty with the Indians, &c. par le même.

96. Deux Tempétes, belle maniere noire, par R. Laurie.

97. Lady Auguſta Campbelle, & Helen, jolie maniere rouge, par Scorodoomoff.

98. Offrande au Dieu Faune, & l'Amour endormi, même maniere, par Ryland.

99. Les quatre Saiſons, par Holard, anciennes & brillantes épreuves.

100. Cinq Pieces, par Strange, Broune, &c.

101. La Noce du Village, & le Repas des Moiſ-ſonneurs, d'après M. Wille, par Janinet, épreuves de celles qui ont le mieux réuſſi.

102. Le Mariage de St. Joſeph, d'après Rubens, par Bolſwert.

103 Céſar & Pompeia, Rémus & Romulus, d'a-près Cortone, par Strange, ſuperbes épreuves.

104. Tabagie, d'après Oſtade, par Wille, bril-lante épreuve.

105. L'Inſtruction paternelle, par le même.

106. Clytie, belle épreuve, par Bartholozi.

TROISIEME VACATION,

Mercredi 29.

Estampes en feuilles.

108. L'Ane obstiné, avant la lettre, & deux autres Paysages, d'après Pillement.
109. Saint-Louis, d'après Lebrun, par Edelinck.
110. Les Noces de Gamache, Bacchus & Ariane, d'après Coypel, tous deux avant la lettre.
111. Quatre Paysages, par Vivarès, Peake. &c.
112. Quatre autres, par Vivarès & Byrne.
113. Cinq autres, par Major & Moyreau.
114. Suite de quarante-deux Sujets de l'Œuvre de Pretel.
115. Le Chien couchant, & le Chien en arrêt, par Smith & Vivarès.
116. St. André, d'après le Guide, par Audran, & la Femme adultere, de la galerie de Dresde.
117. Les Comtes & Comtesses, d'après Vandick, Gunst.
118. Bacchus, Vénus, Cérès, & les trois Déesses, par Golztius, anciennes épreuves.
119. Sept autres Sujets, par le même.
120. Quatorze Pieces, par Hollard.
121. Trente-trois Pieces de Callot, Eisen, &c.
122. Vertumne, l'Enfant Prodigue, & Elie, par Bloemaërt.
123. Deux-Portraits du cabinet de Reynst.
124. Les Œuvres de Misericorde, les Vierges sages & folles, & autres Sujets, au nombre de quatorze pieces, par Bosse.

125. L'Enfant Prodigue, d'après Teniers, par le Bas, ancienne épreuve.

126. Cinquante Sujets de jeux d'enfans, par Stella.

127. Les Bains d'Apollon, par Edelinck, Picart & Baudet, de l'impression de Goyton.

128. Sept Pieces de Rembrandt, dont la Résurrection du Lazare.

129. Vingt-sept Sujets divers, de Villamene, &c.

130. Les Goutmeus, ancienne épreuve.

131. Six Pieces d'Albert-dur, de Bry, dont Saint Jerôme, l'Enfant Prodigue, la Petite Foire, &c.

132. Saint Martin de Tours, d'après Jordeans, par Dejode.

133. La Nature embellie par les Graces, Lot sortant de Sodôme, & le Portrait de Rubens & Vandick.

134. La Vierge aux Anges, d'après Rubens, par Vischer.

135. Quatre Pieces, d'après Jordeans & Vandick, dont le Satyre jouant de la flûte, & son pendant, &c.

136. Ste. Agnès, par Strange, épreuve de choix.

137. Agar, d'après Dietrich, par Wille, des premieres épreuves.

138. Le Concert de Famille, par le même.

139. Les six Chef-d'œuvres de Goltzius.

140. L'Adoration des Bergers & l'Adoration des Rois, d'après Rubens, par Vorsterman.

141. Deux Portraits avant la lettre, maniere noire, par Wasson.

142. Le Portrait de Garick, avant la lettre, par Sinlayson.
143. Estaminette Anglaise, maniere noire, par Wesson.
144. Pâris, Helene, Renaud, & Armide, par Green.
145. Agripine, autre belle maniere noire, par le même.
146. Artemise, & Cléopâtre, maniere de crayon noire, par Scorodoomoff.
147. Courtisane Grecque, par le même, maniere coloriée.
148. La Duchesse de Richemont, par Ryland.
149. Juliette & Romeo, maniere coloriée, par Scorodoomooff.
150. La Matrone d'Ephese, aussi maniere coloriée, par le même.
151. Lot & ses Filles, & Sanson sur les genoux de Dalila, d'après Rubens, par Wassenaer & Mathan.
152. L'Observateur distrait, épreuve de choix, par Wille.
153. L'Antiquaire, par Visscher.
154. La paix de Munster, par Suyderoof.

QUATRIEME VACATION,
Jeudi 30.
Estampes en feuilles.

155. Trente-cinq petits Sujets, Vignettes & Culs-de-Lampes, d'après Gravelot, MM. Eisen & Cochin.

156. Trente-six Sujets divers, d'anciens Maîtres.

157. Suite de Sujets des Loges du Vatican, par Lanfranc, au nombre de seize Pieces.

158. Cléopâtre & Madeleine, d'après le Guide, par Strange.

159. Douze Pieces, dont le Frontispice pour les Œuvres de la Fontaine.

160. L'Entrée de Jesus-Christ dans Jérusalem, d'après Vinc-boos, par Bolswerd, belle épreuve.

161. Tancrede, par Beauvarlet, avant la lettre, & le coucher de la Mariée, par Moyreau.

162. Deux Paysages d'après Pillement, par Elliott.

163. Trois autres d'après Smitth, par Peake & Wood.

164. Trois autres, par Byrne, Woollett & Roberts.

165. L'Etoile des Rois, & les Bohëmiens, petits Sujets de Ven-Velde ; ces deux épreuves sont de la première beauté.

166. Vues des plus belles maisons & jardins de Londres, faisant une suite de douze Pieces, belles épreuves, par Woollett.

167. Quatre Paysages, d'après Claude Lorrain, & autres, par Vivarès, &c.

168. Belle Marine, par Vivarès.

169. Trois Pieces d'après Jordeans, dont le Satyre chez le Paysan.

170. Loth & ses Filles, d'après Rubens, par Veuso.

171. Trois Sujets de Jeux d'Enfans, par Lucien.

172. Le Lievre, par Hollard.

173. James Paine, belle maniere noire, par Watson.

174. La Forge, autre belle maniere noire, par Earlon.

175. Une Vue d'Anvers & Blancherie, d'après Teniers, par le Bas.

176. Quatre Pieces, par Bruyn & Dolen, dont la Tour de Babylone & la Réfurrection des Morts.

177. Quatre autres, par les mêmes; Sujets de la Paffion, épreuves vigoureuſes.

178. Expofitions de Tableaux Académiques à Londres, & le Pantheon, belle maniere noire, par Earlon.

179. L'Education & fon Pendant, par Scroboomoff, avant la lettre.

180. Sara, maniere coloriée, par le même.

181. Africain Turc & Circaffien, par le même.

182. Le Triomphe de la Foi & de l'Euchariftie, belles Pieces d'après Rubens, par Bolfwert.

183. La Mere bien-aimée, d'après M. Greuze, par Maffart, épreuve de choix.

184. Porte-feuille contenant diverfes Eftampes, qui feront détaillées.

CINQUIEME VACATION.

Vedredi 31.

Miniatures, Emaux, Deffins, Gouaches & Eftampes.

185. Vingt-deux Deffins, Etudes & Sujets à la fanguine, par Sprout.

186. Deux Têtes & Sujets coloriés, &c. du Parmefan, Camilliro, Begat & autres.

(15)

187. Quatre autres du Palme, &c.
188. Dix-sept de différens Maîtres.
189. Quinze autres de différens sujets.
190. Deux paysages, par Challe, & une Tête
peinte à l'huile.
191. Vingt Figures coloriées, représentant des
caractères de danse de l'Opéra.
192. Les Portraits de Vandick & du Cardinal de
Fleury, dans la maniere peinte de Gautier.
193. Différens articles de Dessins de division.

Miniatures Gouaches & Emaux.

194. Une Dormeuse & une Vestale.
195. Une Lucresse.
196. Deux Portraits attribués à Petito.
197. Un petit Mangeur de cerises, & un Amour.
198. Deux Têtes de femmes, bordure en or.
199. Vertumne, & Pomone; Flore & Zéphir.
200. Une Cléopatre.
201. Une Tête de femme, & une d'un jeune
homme, dans le style de Rose-Alba.
202. Une Femme tenant un oiseau, bordure en or.
203. Le Portrait de la Reine très-ressemblant.
204. Achille trempé dans le Stix, belle Peinture
en émail, garnie d'or.
205. Les Portraits d'Henri IV, & de Gabrielle
d'Estrées.
206. Grande Miniature représentant une femme
très-jolie, tenant une lumiere comme pour
éclairer quelqu'un qui passe sous sa fenêtre.
207. Autre Miniature, de même grandeur à peu
près, représentant la Devideuse, d'après
M. Greuze.

208. *Idèm*. La Fille qui pleure son oiseau.
209. Une Marine, grandeur de boëte.
210. Six Paysages avec figures faits par compartimens, propres à faire une boëte.
211. Deux Marines, Gouaches.
212. Quatre Feuilles de fleurs sur papier bleu, Gouaches.
213. Huit Marines en gouaches, montées sous verre.

Toutes ces Miniatures sont peintes avec beaucoup de fraîcheur, & d'un grand fini, & d'un style à garder toujours le brillant de la couleur sans changer au jaune. Elles sont pour la plûpart peintes par Xavery & autres Maîtres de l'Ecole Hollandoise & Françoise.

214. Trente-trois Feuilles d'oiseaux & Fleurs de la Chine, faites avec plumes naturelles.
215. Quarante-sept Feuilles velin, peintes à la gouache, style d'Albert-dur.
216. Divers autres Miniatures, Gouaches, Emaux, &c. qui seront divisés.

Estampes en feuilles.

217. Quarante-sept Pieces, d'Albert-dur & autres Maîtres.
218. Trente-quatre Frises de Polidore, &c.
219. Différens morceaux d'Architecture, Frises & Sujets, dont un Recueil des plus belles ruines de Lisbonne, causées par le tremblement de terre.
220. Dix-huit Pieces, par Goltzius, &c.
221. Vingt-trois de Goltzius, Sadeler, &c.
222. Vingt-trois autres, de Sadeler, Spranger, &c.
223. Seize du Titien, &c.

224.

224. La Baigneuſe , belle épreuve , d'après M. Vernet, par Balechou.
225. Venus & Danaé , d'après le Titien , par Strange, épreuve de choix.
226. La mort d'Abel , épreuve avant la lettre , par Forporati.

SIXIEME VACATION.

Samedi premier Février.

Géographie & Eſtampes en feuilles.

Géographie.

227. Nuova Piantia di Roma, data in luce da Giambattiſta Nelli l'anno MDCCXLVIII.
228. Treize Cartes, dont ſept deſſinées & coloriées.
229. Cartes & Tables de la Géographie, phyſique ou naturelle.
230. Plan de Paris, de Londres & de ſes environs, neuf feuilles.
231. Les huit Plans de Paris, par Delamare.
232. Quatre Cartes, dont le cours de la riviere du Wolga.
233. Plan des environs de Paris & de Saint Cloud, par l'Abbé de la Grive.
234. Plan des environs de Paris & de Troyes, faiſant partie de la Carte de France, par Caſſiri, en cinq feuilles.
235. Deux Plans de Paris, de l'Abbé de la Grive & Robert de Vaugondy.
236. Les quatre Parties du monde en neuf feuilles, par d'Anville ; la Carte d'Italie, & celle de la mer Caſpienne, par le même.

B

237. Vingt-quatre Cartes, dont la Forêt de Fontainebleau.
238. Diverfes Cartes qui feront détaillées.
Eftampes en feuilles & fuites.
239. Les Sts. de Baviere, par Sadeler, faifant une fuite de cent quarante-quatre Pieces.
240. Vingt-cinq grandes Vues de Châteaux, Parcs de la Ville de Londres.
241. Vues des Eglifes de Londres, compofant trente Pieces.
242. Quarante-fix Sujets hiftoriques, par Romain de Hoog.
243. Quatre-vingt-douze Sujets divers, par le même.
244. Vingt-trois autres Sujets, dont Philippe II arrêté devant le Saint Viatique.
245. Cathédrale de Reims, faifant quatre feuilles, & la Tour de Cordouan, lavée, coloriée.
246. Arc de triomphe, la Façade de l'Hôtel-de-Ville de Reims, &c. fept Pieces.
247. Entrée du Duc de Lorraine, Henri II, à Nancy, & pompe funebre de Charles III Duc de Lorraine.
248. Trente-neuf Pieces d'Arcs de triomphe, Obélifque & Colonnes, de Rome, Venife, &c.
249. Soixante-deux différentes Fontaines de Rome.
250. Huit grandes Places de Rome, par Piranefe.
251. Plus de cent Médailles, gravées fous différens regnes.
252. Soixante-dix-neuf Chaffes & Sujets hiftoriques, par Saerdan & autres.
253. Dix-huit Payfages & Vues de différentes Villes.

254. Huit Pieces historiques de la maison de Farnese.

255. Images de tous les Saints & Saintes de l'année, suivant le Martyrologe Romain, par Callot.

256. Le Cheval & le Lion, belle maniere noire, par Sstubbs.

257. Deux autres manieres noires d'après Rembrandt, par Pether & Haid.

258. Mary Dutchess of anuaster and Kesteven, Aussi belle maniere noire, par Dixon.

259. L'Enfant ressuscité par Elie, maniere noire, par Green, avant la lettre.

260. Le denier à Cesar, aussi maniere noire, par Marc-Ardell. L'épreuve est des plus capitales & avant la lettre.

261. Macbeth, belle épreuve avant la lettre, d'après Zuccarelli, par Woollett.

262. Agar, d'après Dieetricy, par Wille, avant la lettre.

263. Le Repos de la Vierge, par le même, avant la lettre.

264. Le Port de Genes, d'après Berghem, par Aliamet, avant les armes & toutes lettres.

SEPTIEME VACATION.

Lundi 3 Février.

Estampes sous verres.

265. Le Silence, d'après M. Greuze.

266. Saint Jean, & l'Enfant à l'oiseau, maniere noire.

B ij

267. L'agréable Leçon & les Amans furpris, d'après Boucher.
268. Les Portraits de Defcartes , Lafontaine, Voltaire, Rouffeau & Racine , par Ficquet.
269. La Madelnine, à la lampe & au chardon, par Smith, maniere noire.
270. Sainte Famille , par le même , d'après Carle-Maratte , anceinne épreuve.
271. La maladie d'Alexandre , d'après le Sueur , par Audran.
272. Allégorie d'après Lemoine, par Cars.
273. Hercule & Omphale, & les trois autres pendans d'après, & par les mêmes. Anciennes épreuves.
274. Cacus , par les mêmes.
275. La Mélancolie, par Albert-dur.
276. Louis XIV , par Drevet.
277. La Duchefle de Nemours , par le même.
278. Le Comte d'Evreux, par Scmith.
279. Le Cardinal de Polignac.
280. Le Pere de famille, d'après M. Greuze, par Martenafy.
281. Premiere & deuxieme Vues du Levant, d'après M. Vernet, par Aliamet, avant la lettre.
282. Le Matin, par les mêmes, avant la lettre.
283. Autre d'après le même ; avant la lettre.
284. L'Aveugle trompé, d'après M. Greuze, par Cars.
285. Deux Payfages, d'après Dieétrici, par Benazeth , avant la lettre.
286. Deux autres, d'après M. Vernet, par le même ; avant la lettre.
287. La Barque mife à flot, d'après le même , avant la lettre.

288. Le Calme, d'après le même, par Balechou.
289. Le coup de vent d'après le même, par Charpentier, avant la lettre.
290. Suzanne, d'après Rubens, par Vorsterman, épreuve ancienne.
291. Le Christ dit au Capucin, du même, superbe épreuve.
292. Silêne, Yvre, d'après Vandick, par Bolswert.
293. Le denier à Cesar, par Worsterman, d'après Rubens, ancienne épreuve.
294. Les Enfans de Charles I, d'après Vandick, par Strange.
295. Embarquement des vivers & le Port de Genes, d'après Berghem, par Aliamet, & Lebas, de premieres épreuves.
296. Le Soir & le Matin, d'après le même, par Lebas.
297. Conquête de la Franche-Comté, d'après Lebrun.
298. Le Jugement de Salomon, par Audran, d'après Coypel.
299. La Devideuse & Liseuse, par Wille.
300. Le Comte d'Artois, avant la lettre.
301. Le Couronnement de La Reine, d'après Rubens, par Audran, épreuve parfaite.
302. Samuel Bernard, par Drevet.
303. La Continence de Scipion, d'après Le Moine, par le Vasseur.
304. Le Roi boit, d'après Jordeans, par Pontius, ancienne & belle épreuve.
305. La Conversation Espagnole, d'après Vanloo, par Beauvarlet.
306. Les Musiciens ambulans & les offies réciproques, par Wille, épreuves de choix.

307. Comte d'Harcourt, dit le cadet à la perle, par Masson; l'épreuve est des premieres.

308. Le Bossuet, par Drevet, avant tous les points, épreuve très-belle & vigoureuse.

HUITIEME VACATION.
Mardi 4 Février.

Estampes & Dessins sous verres.

309. Cinq Pieces, dont quatre peintes sur verres.

310. Tête de fantaisie, d'après Santere, dans la maniere coloriée.

311. Quatre Sujets champêtres, & quatre Parties du jour, d'après Eisen.

312. Les Baigneuses, d'après Pater, avant la lettre.

313. Les Portraits de Charles premier, Jacques II & Guillaume III.

314. Henri IV, & le Chancelier de L'hopital, par M. de Marcenay.

315. Vierge & Jesus dans son berceau, par Edelinck.

316. Portrait de femme, gravé par Romanet, d'après M. Barthelemi.

317. Le devoir naturel, par Porporati.

318. Un Enfant tenant un chien, d'après M. Greuze, par le même.

319. La Cruche cassée, d'après le même, par Massard.

320. Psiché & l'Amour, maniere noire, par Marc-Ardell.

321. Toilette de femme, par Verkolje.

322. Tabagie, ou retour des Patineurs, par Visscher.

323. Saint Charles Boromée, d'après Lebrun, par Edelinck.

324. Le Denier à Cefar, par Marc-Ardell.

325. Sainte Famille, d'après Raphaël, par Edelinck, épreuve vigoureufe.

326. L'Arcenal de Toulon & l'intérieur du Port de Marfeille, d'après M. Vernet, par M. Lebas & M. Cochin.

327. Les Difciples d'Efmaüs, connu fous le nom de la Nape de Maffon, ancienne épreuve & très-bien confervée.

328. Mercure & Argus, d'après Jordeans, par Bolfwert.

329. Le Paralitique & l'Accordée, d'après Mr. Greuze, par Phlippart, anciennes épreuves.

330. L'Inftruction paternelle, par Wille.

331. Le Concert, par le même.

332. La mort de Cléopatre, par le même.

333. L'Age d'or, par Théodore de Bry, épreuve précieufe.

334. Le Mariage de la Vierge, d'après Rubens, par Bolfwert.

335. Sainte Genevieve, d'après Vanloo, par Balechou, avant les barres.

336. Le Roi de Pologne, par le même, belle épreuve.

337. Le couronnement d'Epine, d'après Vandick, par Bolfwert; l'épreuve eft très-belle.

338. Venus fortant du bain, d'après Rubens, par Thomaffin; & Flore & Zephire, d'après Coypel, par B. Picard.

339. Une Magdelaine, & l'Enfant Jefus, maniere noire.

340. Sainte Famille, d'après Bourdon, par Poilly.

341. La Fille confufe, 'apr's M. Greuze, par
l'empereur.
342. La Tricoteufe, par Wille.
343. L'Feureuf, par le même.
344. Tempête, par Ba'echou, d'après M. Vernet,
ajuftés avec filet d'or.
345. La Fricalleufe, par Wifcher, avant le nom
de Clément de Jonghe.
346. Un Payfage deffiné, par Perelle.
347. Deux très-beaux Deffins à l'encre de la
Chine, par Zingg.
348. Différentes Eftampes en feuilles, fous-verres,
& Deffins qui feront divifés.

NEUVIEME ET DIXIEME VACATION.

Mercredi & Jeudi 5 & 6 Février.

Eftampes en Volumes.

349. Volume relié en carton, contenant plus de
trois cents Sujets, Payfages, Animaux,
Vafes, &c. de Roos, Labelle, Oftade,
Both, Lepautre, Saly & autres ; le tout
bonnes épreuves.
350. Recueil de cent cinquante Payfages, compo-
fés & gravés par Perelle.
351. Recueil d'Amateurs & d'Artiftes contenant
cent Pieces diverfes, compofées & gravées
à l'eau-forte, par différens Peintres &
Deffinateurs célebres.
352. Livres de Serrurie, contenant foixante planches, remplies de plufieurs penfées, pour
fervir à différens ouvrages. Brochure contenant différens ornemens, par Vifentini
Vénitien.

353. Les travaux d'Ulyſſe, peints à Fontainebleau, par le Primatice. Un Recueil contenant ſoixante Planches remplies de diverſes fleuis, par Fyrens.

354. Diverſes Vues de la Ville de Paris, des plus beaux Palais & Châteaux des environs, ainſi que divcifes vues de Rome & de Florence, par Iſraël Silveſtre.

355. La B.ble de Saurin, en deux volume in-folio, avec les giandes planches, vignettes, cul-de-lampes & lettres capitales, gravées par Beinaid Picard, anciennes & très-belles épieuves.

356. Recueil de cinquante Payſages, par Sadeler, d'après Paul Bril, Bieughel & autres.

357. Œuvres de Weirotter, moit à Vienne, en 1771, contenant près de deux cents payſages & ruines deſſinés d'après nature, tant en Fiance qu'en Italie, & gravés à l'eau-forte avec beaucoup de goût, par lui-même.

358. Le Maréchal de bataille contenant le maniment des armes, les évolutions &c. faiſant quarante-huit Figures, non compris les Plans.

359 Deux Volumes, contenant plus de quatre cents Planches des Vues & Châteaux de France, avec les Cartes géographiques de ces Provinces.

360. Cartes générales de la Géographie, ancienne & nouvelle, où les Empires, Monarchies, Royaumes, États, Républiques & Peuples, tant anciens que nouveaux, de toutes les Parties du monde, ſont exactement remarqués & diſtingués ſuivant leur étendue,

& subdivisés en leurs régions particu-
lieres & provinces, par Sanson. Deux
Volumes , contenant deux cent onze
Cartes.

361. Description de la Ville & Fauxbourgs de
Paris, en vingt Planches, gravées sous les
ordres de M. dA'rgenson.

362. Le grand Plan de Paris, sous les ordres de
M. Turgo.

363. Les Indes orientales & occidentales contenant
quarante-une Planches, où sont repré-
sentés en figures, les peuples, mœurs,
religions, fêtes, sacrifices, mosquées,
idoles, richesses, festins, tribunaux, su-
plices, commerce, &c. par Romain de
Hooge.

364. Recueil de cent Estampes des Nations du
Levant, gravées d'après nature en 1707
& 1708

365. Habillemens de plusieurs nations, contenant
soixante-quinze Planches.

366. Fêtes & Courses de bague données par
Louis XIV.

367. Fêtes données par la ville de Strasbourg,
pour la convaluence du Roi, Volume cou-
vert en maroquin rouge.

368. Tableaux du Temple des Muses, par M. de
Marolles.

369. Les Délices de Paris & de ses environs, contenant deux cent dix Planches des plus
beaux monumens de Paris, & des Maisons de plaisances situées aux environs de
cette Ville, & autres endroits de la
France, par Marot & Pérelle.

370. L'Œuvre d'Abraham-Bosse, contenant cent quatre-vingt-cinq Sujets, en deux volumes.

371. Les Hermites, par Sadeler, volume contenant cent trente-six planches.

372. La Généalogie de Gondy, en soixante-quinze Figures, & les Etrennes Françaises, composées de jolis Sujets.

373. Epitome du Threfor des Antiquités ou Médailles des Empereurs d'Orient & d'Occident, &c.

374. Deux volumes contenant cent soixante-douze Portraits des Peintres célébres.

375. Recueil contenant cent Portraits de Personnages illuftres, d'après Rubens, Vandick & autres.

376. Les Médailles du Regne de Louis XV, jufqu'au Traité d'Aix-la-Chapelle.

377. Les Campagnes de Louis XV.

378. Le Cabinet des Beaux Arts.

379. Defcription abregée des principaux Arts & Métiers, & des Inftrumens qui leur font propres.

380. La Galerie du Palais de Luxembourg complette, en vingt-cinq Pieces, d'après Rubens, par d'habiles Graveurs, anciennes épreuves, reliées & joutées avec filets d'or.

381. Le Fontane de Roma, nelli peazze elvoghi publici della citta, &c. Fontaines & Places publiques de Rome, par Baptifte Falda.

382. Antiquæ urbis fplendor hoc eft præncipua ejufdem Templa, Amphitheatra. Theatra Circi Næumchiæ arcus triumphales, Maufaulea aliaque Sumptuofiora Ædifidia Pom-

pæ. Item triumphalis & coloffæarum ima-
ginum defcriptio, &c.

383. Celebriora tiburtinarum antiquitatum rude-
ra, &c.

384. Jufveftigi del lantichita di Roma raccolti &
ritratti in perfpettiva, &c.

385. Palazzi di Roma, &c.

386. Les Figures du Temple, & Palais de Salomon, par M. Maillet.

387. Portraits d'Hommes, illuftres Français.

388. Vie de S. Bruno, peint par le Sueur, dans
le Cloître des Chartreux.

389. Carte générale de la Monarchie Françaife,
depuis Clovis jufqu'au Regne de Louis XV.

390. Volumes de Fables, par M. Dorat, faifant
deux cent un Sujets, Vignettes & Culs-
de-Lampes, premieres épreuves & du plus
beau choix, par M. Marillier.

391. Rome ancienne & moderne, grande piece,
par Piranefe, du plus beau choix d'é-
preuves.

392. Recueil de Portraits des Comtes de Flandre,
compofant quarante Pieces, belles & anciennes épreuves.

373. Anatomie en Tableaux, imprimée en couleur; repréfentant au naturel tous les mufcles de la face, du col, de la tête, du la-
rinx, &c. d'après les parties, diffequées
& préparées, par M. *du Verney*, Membre
de l'Académie de Chirurgie & Démonftra-
teur en Anatomie au Jardin du Roy, contenant treize Planches, y compris l'Her-
maphrodite. Suite d'anatomie, de tous les

mufcles, du phaiinx, du tronc & des ex-
trémités fupérieures & inférieures, &c.
comprenant douze grandes planches dans
un volume féparé, reliées dans toute leur
longueur ; le Difcours & les premieres
Figures, font dans le même volume.

394. Cours d'Anatomie, peint & gravé en con-
leur, par Gautier Dagoti, expliqué par
M. Gadelot, Profefleur d'Anatomie de la
Faculté de Médecine de Nancy, de l'A-
cadémie des Sciences, &c. le Difcours eft
manufcrit.

395. Anatomie de Cowper. Lugduni Batavo-
rum apud Joannem, Arnoldum Langerak.
MDCCXXXIX. Ces Anatomies font toutes anciennes éditions, les Figures premieres épreuves du plus beau choix & bien
confervées.

396. Catalogue de Plantes coloriées, à Londres
1730.

397. Recueil de Plantes des Indes, par Made-
moifelle Merian, de foixante-douze Figures.

398. Trente Feuilles de Coquilles coloriées pré-
cieufement, par Georg. Guelphe Knorr.
à Nuremberg.

399. Quarante-quatre autres feuilles, par le même.
480. Dix-fept, par le même.

401. Vingt-quatre Plantes enluminées, dont l'o-
reile d'ourfe.

402. Beau Volume , rempli de papier d'Hollande, rélié en maroquin bleu , doré fur tranche , propre pour mettre de précieufes eftampes.

403. Plufieurs Volumes & Eftampes , qui feront détaillés.

_____

Vendredi & Samedi 7 & 8 Février.

Le reftant des Eftampes & Volumes , & plufieurs Planches de cuivre.

Lu & approuvé, ce 25 Janvier 1777.
COCHIN.

Vu l'Approbation. Permis d'imprimer, à Paris, ce 26 Janvier 1777.
LE NOIR.

www.ingramcontent.com/pod-product-compliance
Lightning Source LLC
Chambersburg PA
CBHW060814280326
41934CB00010B/2684